Caminho da Alfabetização

PRATICANDO CALIGRAFIA

Cursiva

Método Silábico e por Imagem

Consciência Fonológica

BrasiLeitura

Rodovia Jorge Lacerda, 5086 - Poço Grande
Gaspar - SC | CEP 89115-100

Ilustração:
Belli Studio, Shutterstock

Revisão:
Tamara B. G. Altenburg

IMPRESSO NA CHINA
www.todolivro.com.br

Dados Internacionais de Catalogação na Publicação (CIP)
(Câmara Brasileira do Livro, SP, Brasil)

Caminho da alfabetização: Praticando caligrafia cursiva [Todolivro].
Gaspar, SC: Todolivro Editora, 2025.
(Coleção Caminho da Alfabetização; 3)

ISBN 978-85-376-5580-1

1. Alfabetização (Educação infantil) 2. Caligrafia (Educação infantil)
3. Escrever (Educação infantil) I. Série.

23-175036 CDD-372.21

Índices para catálogo sistemático:

1. Alfabetização: Educação infantil 372.21

Cibele Maria Dias - Bibliotecária - CRB-8/9427

Caminho da Alfabetização

ALFABETO DE LETRAS CURSIVAS

NÚMEROS 1 A 10

EXERCÍCIOS DE CALIGRAFIA

VOGAIS E CONSOANTES

ATIVIDADES PEDAGÓGICAS

DESENHAR E COLORIR

ESCREVER, COMPLETAR E TRANSCREVER PALAVRAS E FRASES

DÍGRAFOS E FONEMAS

SONS DO X

ACENTUAÇÃO

PLURAL

MASCULINO E FEMININO

Letra Cursiva

Aa a Zz

ALFABETO E LETRA CURSIVA, MAIÚSCULAS E MINÚSCULAS, NOMES DE ANIMAIS.

Avestruz

Aa

Baleia

Bb

Canguru

Cc

Dinossauro

Dd

Esquilo

Ee

Foca

Ff

Girafa

Gg

Hipopótamo

Hh

Iguana

Ii

Jacaré

Jj

Kiwi

Kk

Lobo

Ll

Macaco

M m

Narval

N n

Orca

O o

Panda

P p

Quati

Q q

Rinoceronte

R r

Sapo

S s

Tigre

T t

Urso

U u

Vaca

V v

Wafer

W w

Xexéu

X x

Yorkshire

Y y

Zebra

Z z

Alfabeto em letra Cursiva

CUBRA AS LETRAS MAIÚSCULAS E MINÚSCULAS.

A a B b

A a B b

C c D d

C c D d

PARTIU!

ESCREVA A PARTIR DA SEQUÊNCIA DOS NÚMEROS E A DIREÇÃO DAS SETAS.

E e F f

E e F f

G g H h

G g H h

I i J j

I i J j

CUBRA AS LETRAS MAIÚSCULAS E MINÚSCULAS.

K k

K k

L l

L l

M m

M m

N n

N n

O o

O o

P p

P p

ESCREVA A PARTIR DA SEQUÊNCIA DOS NÚMEROS E A DIREÇÃO DAS SETAS.

Q q

Q q

R r

R r

S s

S s

T t

T t

U u

U u

V v

V v

CUBRA AS LETRAS MAIÚSCULAS E MINÚSCULAS.

W w X x

W w X x

Y y Z z

Y y Z z

CHEGAMOS!

PIUÍÍÍÍ
PIUÍÍÍÍ

Números
de 1 a 10

VEJA COMO ESCREVER.

1 2 3
4 5 6
7 8 9
10

ESCREVA SOBRE CADA NÚMERO.

1 2 3
4 5 6
7 8 9
10

QUANTOS NÚMEROS TEM A AMARELINHA?

PINTE OS NÚMEROS DA AMARELINHA AO LADO!

A a

Animais

ESCREVA EM LETRA CURSIVA MAIÚSCULA E MINÚSCULA.

A A A A A A A A A A A

A

a a a a a a a a a a a

a

CUBRA SOMENTE AS LETRAS Aa.

Aa Ee

Uu Aa

Aa Ii

Oo Aa

ESCREVA SOBRE Aa NOS NOMES.

Abelha

Arara

CUBRA AS LETRAS A a PONTILHADAS PARA COMPLETAR AS PALAVRAS.

Abóbora

Anjo

Alface

Anão

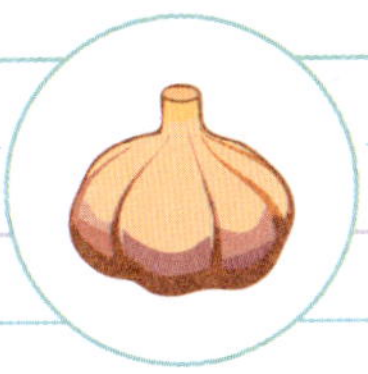
Alho

Avião

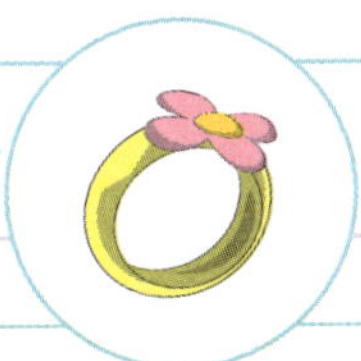
Anel

Árvore

ESCREVA SOBRE AS LETRAS A a PONTILHADAS E CUBRA A FRASE.

Ee

Equipe

ESCREVA EM LETRA CURSIVA MAIÚSCULA E MINÚSCULA.

E

e

CUBRA SOMENTE AS LETRAS Ee.

Aa Ee
Uu Oo
Ii Ee
Ee Aa

CUBRA AS VOGAIS PONTILHADAS.

Escada

Ervilhas

CUBRA AS LETRA Ee E AS DEMAIS PONTILHADAS PARA COMPLETAR AS PALAVRAS.

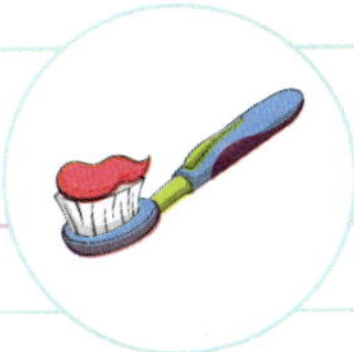 Escova

 Espada

 Esmalte

 Esqui

 Espelho

 Estrela

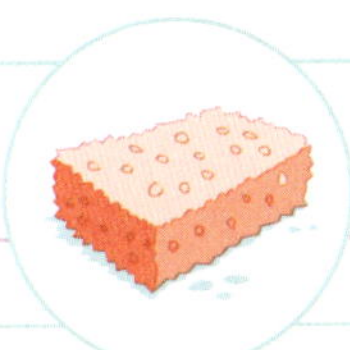 Esponja

 Estojo

TRACE O CAMINHO E AS LETRAS Ee QUE O ESQUIMÓ ENCONTRARÁ NO CAMINHO ATÉ O IGLU.

I i

Imaginação

ESCREVA EM LETRA CURSIVA MAIÚSCULA E MINÚSCULA.

I I I I I I I I I I I I I

I

i i i i i i i i i i i i i

i

CUBRA SOMENTE AS LETRAS Ii.

Aa Ee
Uu Aa
Aa Ii
Oo Aa

CUBRA AS VOGAIS PONTILHADAS.

Ideia

Iatismo

CUBRA AS LETRAS *Ii* E AS DEMAIS PONTILHADAS PARA COMPLETAR AS PALAVRAS.

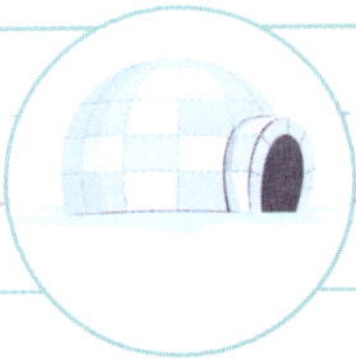
Iglu

Ímã

Igreja

Índio

Iguana

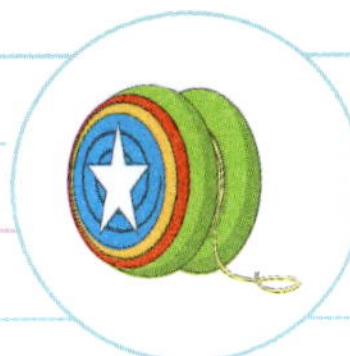
Ioiô

Ilha

Iogurte

TRACE O TRAJETO DO IATE ATÉ A ILHA E ESCREVA SOBRE AS LETRAS *Ii*.

O o

Ordem

ESCREVA EM LETRA CURSIVA MAIÚSCULA E MINÚSCULA.

O

o

CUBRA SOMENTE AS LETRAS O o.

Oo Ee
Uu Oo
Aa Ii
Oo Oo

CUBRA AS VOGAIS PONTILHADAS.

Óculos

Onda

CUBRA AS LETRAS Oo E AS DEMAIS PONTILHADAS PARA COMPLETAR AS PALAVRAS.

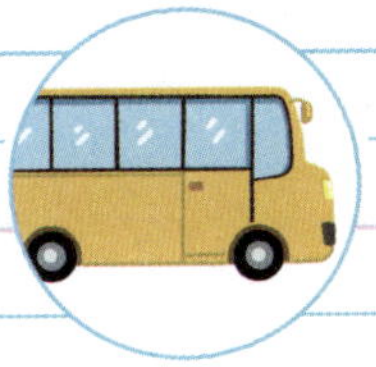
Ônibus

Orégano

Oração

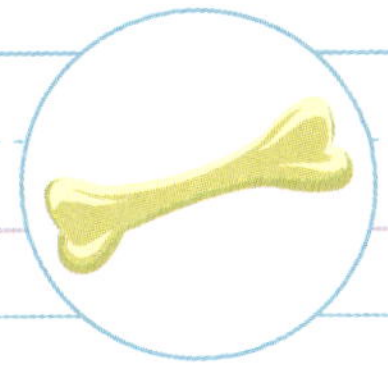
Osso

Orca

Ovo

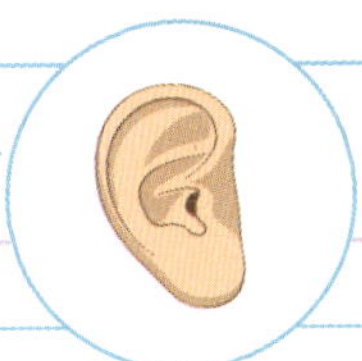
Orelha

Ouro

TRACE O CAMINHO QUE CADA ANIMAL FARÁ ATÉ O NOME DELE.

Orangotango | Ouriço | Onça | Ovelha | Ornitorrinco

U u

Universo

ESCREVA EM LETRA CURSIVA MAIÚSCULA E MINÚSCULA.

U

u

CUBRA SOMENTE AS LETRAS Uu.

Oo Uu

Uu Aa

Ee Uu

Ii Aa

CUBRA AS VOGAIS PONTILHADAS.

Ultraleve

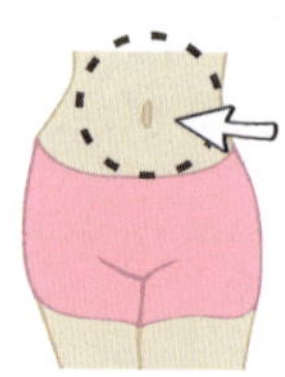

Umbigo

CUBRA AS LETRAS Uu E AS DEMAIS PONTILHADAS PARA COMPLETAR AS PALAVRAS.

Umidificador

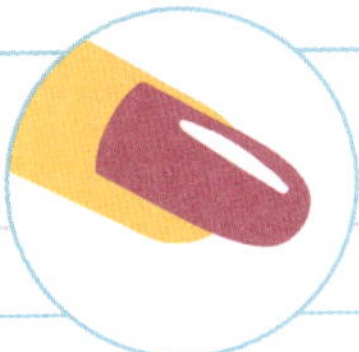
Unha

Urso

Uniforme

Urubu

Urna

Uvas

TRACE O CAMINHO QUE A ABELHINHA FARÁ PARA LEVAR O URSO AO POTE DE MEL!

Vogais

Aa Ee Ii Oo Uu

ESCREVA SOBRE AS VOGAIS MAIÚSCULAS E MINÚSCULAS E DEPOIS REPITA A ESCRITA, PREENCHENDO AS PAUTAS.

A A a a

E E e e

I I i i

O O o o

U U u u

ESCREVA SOBRE AS VOGAIS PARA COMPLETAR AS PALAVRAS.

A  Avião

E  Escorregador

I  Irritação

O  Ouvir

U 

Universidade

LIGUE AS VOGAIS ÀS FIGURAS CORRESPONDENTES. EM SEGUIDA, ESCREVA AS LETRAS INICIAIS EM MAIÚSCULO E AS PONTILHADAS MINÚSCULAS EM CADA NOME.

A •

vo

E •

va

I •

´gua

O •

strela

U •

lha

USANDO LETRAS MINÚSCULAS, ESCREVA UMA VOGAL EM CADA VITÓRIA-RÉGIA NA QUAL O SAPO PULARÁ.

OBSERVE A IMAGEM E IDENTIFIQUE OS ELEMENTOS QUE HÁ NELA. EM SEGUIDA, VEJA AS PALAVRAS E COMPLETE OS NOMES, COBRINDO AS VOGAIS PONTILHADAS.

Areia Baldinho Boia Bola

Castelo de areia Crianças

Estrela-do-mar Guarda-sol

Cadeira de praia Nuvens

CANTE COM A TURMINHA, A E I O U, A CANÇÃO DAS VOGAIS.
DEPOIS DE CANTAR, ESCREVA O NOME DOS CANTORES E O SEU NOME TAMBÉM!

SEU NOME:

OS AMIGUINHOS PULARAM E DERAM O GRITO DAS VOGAIS JUNTOS.
ESCREVA AS LETRAS QUE CADA UM DELES GRITOU AO PULAR!

COMPLETE AS PALAVRAS DA CRUZADINHA ESCREVENDO SOBRE AS VOGAIS.

C

C a s a

r

L i v r o

R o d a

ESCREVA AS VOGAIS QUE HÁ NO NOME DE CADA INSTRUMENTO MUSICAL.

Saxofone Violão Bateria Clarinete

SEM ENCOSTAR NAS FIGURAS, LIGUE AS VOGAIS CORRESPONDENTES.

A • • o

E • • u

I • • i

O • • a

U • • e

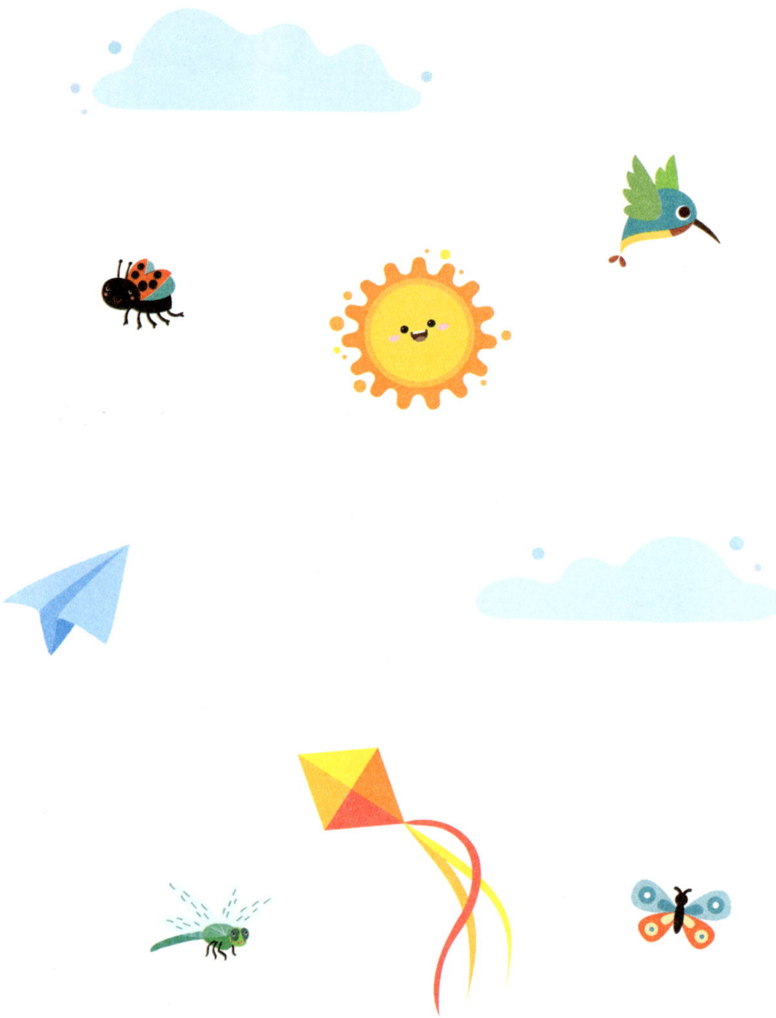

COMPLETE AS PALAVRAS DA FRASE, COBRINDO AS VOGAIS PONTILHADAS.

Joana ganhou um lindo
presente! Um ursinho
de pelúcia fofinho!

LIGUE OS BALÕES ÀS VOGAIS CORRESPONDENTES, SEM ENCOSTAR NELES.

CUBRA AS VOGAIS PARA COMPLETAR O NOME DA COR DE CADA LÁPIS.

ESCREVA AS INTERJEIÇÕES DUAS VEZES NAS LINHAS PONTILHADAS.

oi

olá

ui

uhu

ai

oba

au

eba

ei

uau

ESCREVA NAS PLAQUINHAS A LETRA MAIÚSCULA DO VAGÃO DE CADA ANIMAL.

ESCREVA O NOME DO QUE ENCONTRAMOS NA FAZENDA.

Vaca

Cavalo

Galo

Cabra

Galinha

Porco

Fazendeiros

Celeiro

Cerca

Consoantes

Bb Rr Xx Ll Ff

ESCREVA AS LETRAS E AS FRASES COBRINDO OS PONTILHADOS.

B b

Binóculos

B b

Bom é enxergar longe!

C c

Casa

C c

A casinha é aconchegante!

D d

Dinossauro

D d

Os dinos eram gigantes.

F f

Foca

F f

A foca gosta do frio.

G g

Globo

G g

A Terra é um globo.

J j

Jogador

J j

Bob é um craque de bola!

L l

Lambida

L l

O cachorro me lambeu.

M m

Mosca

M m

A mosca só incomoda.

N n

Nave

N n

A nave foi até Marte.

P p

Pipoca

P p

Pipocas pulam na panela.

R r

Rato

R r

O rato é um roedor.

S s

Sapo

S s

O sapo mora na lagoa.

T t

Televisor

T t

Assisto a desenhos pela TV.

V v

Violão

V v

Toco meu violão e canto!

X x

X x

Xícara

A xícara é para o chá.

Z z

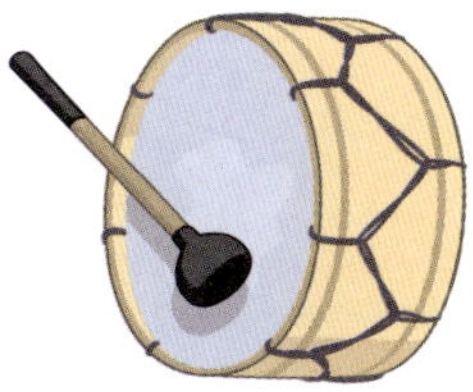

Z z

Zabumba

Zabumba me deixa zonzo!

ESCREVA SOBRE OS NOMES ABAIXO E LIGUE-OS AOS ANIMAIS DO ZOOLÓGICO.

Onça Cobra

Urso Tatu

Elefante Tartaruga Zebra

B b

Bombeiros

ESCREVA EM LETRA CURSIVA MAIÚSCULA E MINÚSCULA.

B B B B B B B B B B B B B

Ba Be Bi Bo Bu Bão

b b b b b b b b b b b b b

ba be bi bo bu bão

CIRCULE ba, be, bi, bo, bu E bão.

babá bebê

lobo burro

sabão bola

belo bicho

ESCREVA B b NO BALÃO DE FALA.

ESCREVA O NOME:

Basquete

CUBRA AS LETRAS PONTILHADAS PARA ESCREVER AS PALAVRAS.

 Barco

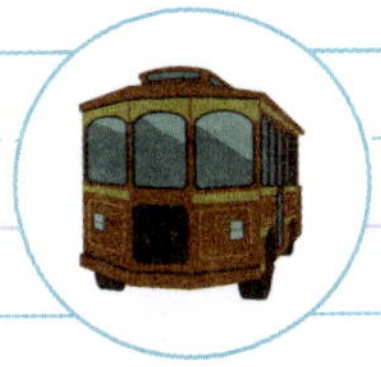 Bonde

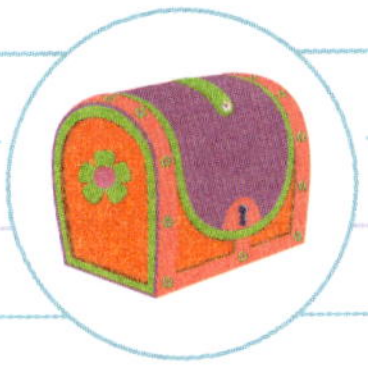 Baú

 Borboleta

 Blusa

 Brigadeiro

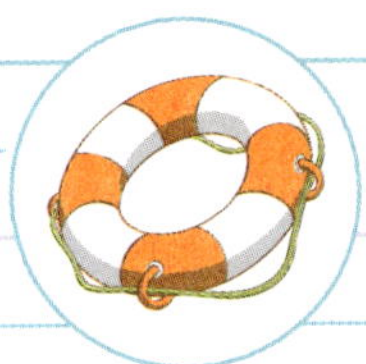 Boia

 Bússola

LEIA E COPIE A FRASE, ESCREVENDO-A NAS PAUTAS EM BRANCO.

Bebês brincam
no banho!

C c

Cavalgar

ESCREVA EM LETRA CURSIVA MAIÚSCULA E MINÚSCULA.

C

Ca Co Cu Cão Ce Ci

c

ca co cu cão ce ci

CIRCULE ca, co, cu, ce, ci E cão.

caco cola

cimo cena

cuba copa

falcão cuca

SIGA O COELHO DA ENTRADA À SAÍDA.

CUBRA AS LETRAS PONTILHADAS PARA ESCREVER AS PALAVRAS.

 Cachorro

 Carro

 Café

 Cobra

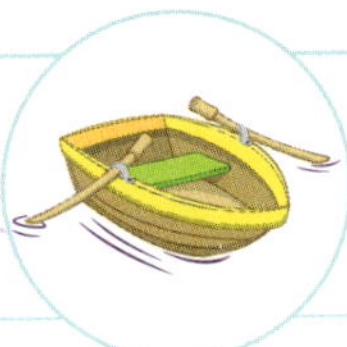 Canoa

 Copo

 Caracol

 Coruja

LEIA E COPIE A FRASE, ESCREVENDO-A NAS PAUTAS EM BRANCO.

Coalas sobem
em árvores.

D d

Dentista

ESCREVA EM LETRA CURSIVA MAIÚSCULA E MINÚSCULA.

D D D D D D D D D D

Da De Di Do Du Dão

d d d d d d d d d d

da de di do du dão

CIRCULE da, de, di, do, du E dão.

dama dia

doce dodô

Deus Duda

delta disco

LEVE A MAMÃE DINO ATÉ SEU FILHOTE.

ESCREVA A PALAVRA:

Dinossauro

CUBRA AS LETRAS PONTILHADAS PARA ESCREVER AS PALAVRAS.

Dado

Detetive

Dedo

Diário

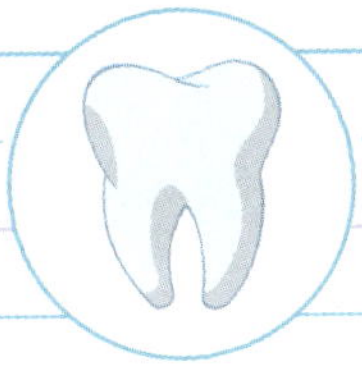
Dente

Dinheiro

Desvio

Dragão

LEIA E COPIE A FRASE, ESCREVENDO-A NAS PAUTAS EM BRANCO.

Diego dorme
bem demais!

F f

Fazenda

ESCREVA EM LETRA CURSIVA MAIÚSCULA E MINÚSCULA.

F F F F F F F F F F F F

Fa Fe Fi Fo Fu Fão

f f f f f f f f f f f f

fa fe fi fo fu fão

CIRCULE fa, fe, fi, fo, fu E fão.

farofa fada

fafá feliz

fugir fofão

festa final

CUBRA OS PONTILHADOS DA FRASE.

Firula e finta são astros do futebol.

CUBRA AS LETRAS PONTILHADAS PARA ESCREVER AS PALAVRAS.

Farol

Foca

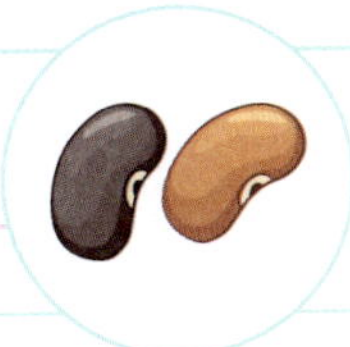
Feijão

Fogo

Flor

Formiga

Flamingo

Frango

LEIA E COPIE A FRASE, ESCREVENDO-A NAS PAUTAS EM BRANCO.

O frio ficou
muito forte!

G g

Gangorra

ESCREVA EM LETRA CURSIVA MAIÚSCULA E MINÚSCULA.

G G G G G G G G G G G

Ga Go Gu Gão Ge Gi

g g g g g g g g g g g

ga go gu gão ge gi

COMPLETE AS PALAVRAS COM ga, ge, gi, go, gu OU gão.

 ____ita

 ____latina

 má____co

 ____rila

 ce____

 fo____

 ____loso

 gen____bre

CUBRA AS LETRAS PONTILHADAS PARA ESCREVER AS PALAVRAS.

Gato

Girafa

Galinha

Golfinho

Galo

Gota

Gema

Grilo

LEIA E COPIE A FRASE, ESCREVENDO-A NAS PAUTAS EM BRANCO.

Gigi é amiga
da girafa.

H h

Hospedagem

ESCREVA EM LETRA CURSIVA MAIÚSCULA E MINÚSCULA.

H H H H H H H H H H

Ha He Hi Ho Hu Hão

h h h h h h h h h h h h

ha he hi ho hu hão

ESCREVA A INICIAL H NOS NOMES.

..........amster

..........elena

..........idrante

..........otel

PILOTE ATÉ O HOSPITAL ESCREVEVENDO SOBRE AS LETRAS.

CUBRA AS LETRAS PONTILHADAS PARA ESCREVER AS PALAVRAS E A FRASE.

 Haltere

 Harpa

 Hibisco

 Hortelã

Hannah fez uma bela hortinha e plantou diversas hortaliças!

LEIA E COPIE A FRASE, ESCREVENDO-A NAS PAUTAS EM BRANCO.

Sou o homem da caverna!

J j

Jardinagem

ESCREVA EM LETRA CURSIVA MAIÚSCULA E MINÚSCULA.

J J J J J J J J J J J J J J

Ja Je Ji Jo Ju Jão

j j j j j j j j j j j j j j

ja je ji jo ju jão

CIRCULE ja, je, ji, jo, ju E jão.

jato canjica
juba ajuda
jogo botijão
objeto jegue

ESCREVA SOBRE AS LETRAS, COBRINDO A FRASE.

Junho é mês de festas juninas!

CUBRA AS LETRAS PONTILHADAS PARA ESCREVER AS PALAVRAS.

 Jabuti

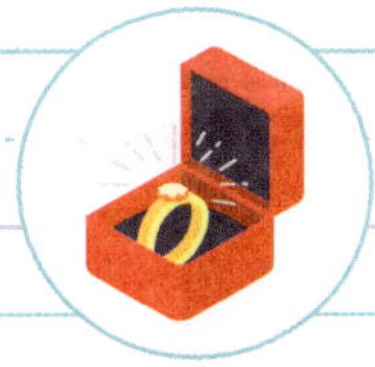 Joia

 Jacaré

 Jiboia

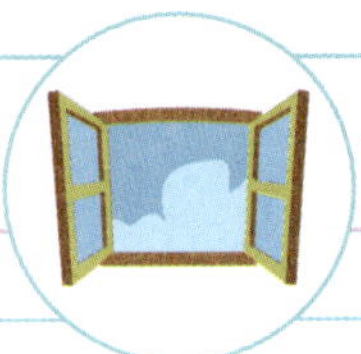 Janela

 Joaninha

 Jarra

 Judô

LEIA E COPIE A FRASE, ESCREVENDO-A NAS PAUTAS EM BRANCO.

Juca dirige
bem o jipe!

L l

Luneta

ESCREVA EM LETRA CURSIVA MAIÚSCULA E MINÚSCULA.

L

La Le Li Lo Lu Lão

l

la le li lo lu lão

PASSE O LÁPIS SOBRE la, le, li, lo, lu E lão, PARA COMPLETAR AS PALAVRAS.

leilão lua militar

limão lata maleta

moleque vila vilão

lona livre balão bolo

CUBRA AS LETRAS PONTILHADAS PARA ESCREVER AS PALAVRAS.

 Lagarta

 Libélula

 Lábios

 Livro

 Leão

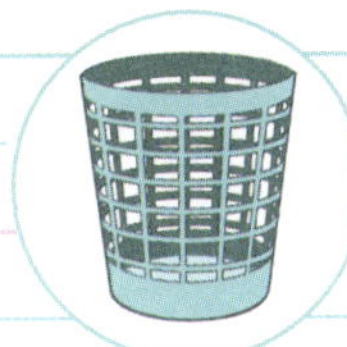 Lixeira

 Lêmure

 Lobo

LEIA E COPIE A FRASE, ESCREVENDO-A NAS PAUTAS EM BRANCO.

Lia lê o livro para Luca!

M m

Mergulhador

ESCREVA EM LETRA CURSIVA MAIÚSCULA E MINÚSCULA.

M M M M M M M M M

Ma Me Mi Mo Mu Mão

m m m m m m m m m

ma me mi mo mu mão

CUBRA AS SÍLABAS PONTILHADAS PARA COMPLETAR AS FRASES.

Minha mamãe é amorosa!

Eu amo muito minha mãe!

CIRCULE ma, me, mi, mo, mu E mão.

menina admirar

muro mamão amo

CUBRA AS LETRAS PONTILHADAS PARA ESCREVER AS PALAVRAS.

Maçã

Milho

Macaco

Mochila

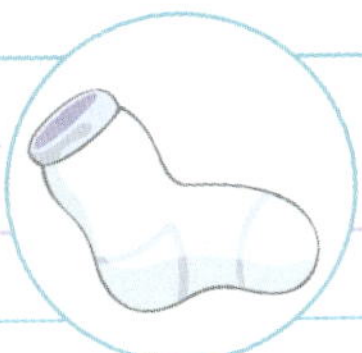
Meia

Moeda

Melancia

Mulher

LEIA E COPIE A FRASE, ESCREVENDO-A NAS PAUTAS EM BRANCO.

Maria monta os módulos!

N n

Natação

ESCREVA EM LETRA CURSIVA MAIÚSCULA E MINÚSCULA.

N N N N N N N N N N N

Na Ne Ni No Nu Não

n n n n n n n n n n n

na ne ni no nu não

CUBRA AS SÍLABAS PONTILHADAS E ESCREVA **ne** OU **ni** NOS QUADRADINHOS AO CENTRO, PARA FORMAR AS PALAVRAS QUE VOCÊ DESCOBRIRÁ QUAIS SÃO!

ja ta bo na

ca la me to

CUBRA AS LETRAS PONTILHADAS PARA ESCREVER AS PALAVRAS.

 Navio

 Noz

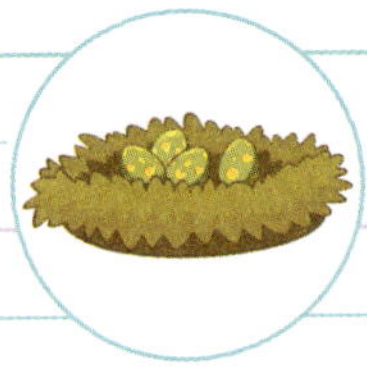 Ninho

 Nuvem

JUNTE AS SÍLABAS E ESCREVA AS PALAVRAS FORMADAS NAS PAUTAS.

Ne → to
Ne → ve

Nu → vem
Nu → ca

LEIA E COPIE A FRASE, ESCREVENDO-A NAS PAUTAS EM BRANCO.

Neste inverno nevou muito.

P p

Parquinho

ESCREVA EM LETRA CURSIVA MAIÚSCULA E MINÚSCULA.

P P P P P P P P P P P P

Pa Pe Pi Po Pu Pão

p p p p p p p p p p p

pa pe pi po pu pão

CIRCULE AS SÍLABAS pa, pe, pi, po, pu, pão E O QUE A PADARIA VENDE.

pote noz-pecã

pão pia pudim

paçoca empada

torta pastel

Padaria

CUBRA AS LETRAS PONTILHADAS PARA ESCREVER AS PALAVRAS.

 Panda

 Pincel

 Pato

 Polvo

 Peixe

 Príncipe

 Pelicano

 Pulga

LEIA E COPIE A FRASE, ESCREVENDO-A NAS PAUTAS EM BRANCO.

Pepita empina
sua bela pipa!

Q q

Quarto

ESCREVA EM LETRA CURSIVA MAIÚSCULA E MINÚSCULA.

Q Q Q Q Q Q Q Q Q Q

Qua Que Qui Quo Quão

q q q q q q q q q q q

qua que qui quo quão

LIGUE O NOME DAS CORES COM AS PEÇAS DO QUEBRA-CABEÇA E DEPOIS ESCREVA SOBRE A PALAVRA.

Verde

Azul

Vermelho

Amarelo

Quebra-cabeça

CUBRA AS LETRAS PONTILHADAS PARA ESCREVER AS PALAVRAS E A FRASE.

Quadro

Quati

Queijo

Quiabo

Eu quero um presente qualquer!

LEIA E COPIE A FRASE, ESCREVENDO-A NAS PAUTAS EM BRANCO.

Quico é rápido nas questões!

R r

Restaurante

ESCREVA EM LETRA CURSIVA MAIÚSCULA E MINÚSCULA.

R R R R R R R R R R

Ra Re Ri Ro Ru Rão

r r r r r r r r r r r r

ra re ri ro ru rão

ESCREVA SOBRE OS NOMES E LIGUE-OS ÀS FIGURAS CORRESPONDENTES.

Relógio Rede Riacho

Remédio Rinoceronte

CUBRA AS LETRAS PONTILHADAS PARA ESCREVER AS PALAVRAS.

Raio

Rio

Raposa

Robô

Raquete

Romã

Regador

Rua

LEIA E COPIE A FRASE, ESCREVENDO-A NAS PAUTAS EM BRANCO.

Romeu é rei de
um belo reino!

S s

Selvagem

ESCREVA EM LETRA CURSIVA MAIÚSCULA E MINÚSCULA.

S S S S S S S S S S S

Sa Se Si So Su São

s s s s s s s s s s s

sa se si so su são

JUNTE AS SÍLABAS DE ACORDO COM OS NÚMEROS E ESCREVA AS PALAVRAS FORMADAS.

1	2	3	4	5	6	7	8	9
sa	se	si	so	su	va	co	no	ri

6 + 4 vaso	3 + 4	9 + 4
4 + 8	2 + 7	5 + 7
1 + 7	3 + 8	9 + 7

CUBRA AS LETRAS PONTILHADAS PARA ESCREVER AS PALAVRAS.

 Salada

 Sino

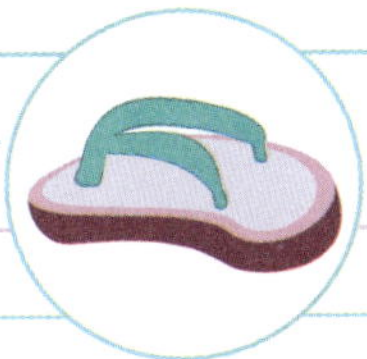 Sandália

 Sofá

 Sapato

 Sorte

 Sapo

 Suco

LEIA E COPIE A FRASE, ESCREVENDO-A NAS PAUTAS EM BRANCO.

Susi adora sorvetes!

T t

Trem

ESCREVA EM LETRA CURSIVA MAIÚSCULA E MINÚSCULA.

T T T T T T T T T T T T

Ta Te Ti To Tu Tão

t t t t t t t t t t t t t

ta te ti to tu tão

LIGUE AS FIGURAS COM OS NOMES.

tatu
torre
timão
tartaruga
tamanduá
tesouro
teia

TRACE OS CAMINHOS E ESCREVA SOBRE AS PALAVRAS.

Táxi

Triciclo

CUBRA AS LETRAS PONTILHADAS PARA ESCREVER AS PALAVRAS.

 Telefone

 Torta

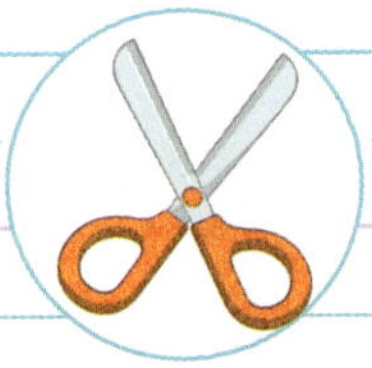 Tesoura

 Trator

 Tigre

 Tubarão

 Tomate

 Tucano

LEIA E COPIE A FRASE, ESCREVENDO-A NAS PAUTAS EM BRANCO.

A Terra gira
ao redor do Sol.

V v

Veleiro

ESCREVA EM LETRA CURSIVA MAIÚSCULA E MINÚSCULA.

V V V V V V V V V V

Va Ve Vi Vo Vu Vão

v v v v v v v v v v v v

va ve vi vo vu vão

ROUPA COM LETRA V NO VARAL.

O nome da peça
de vestuário no varal
com letra V é o

ESCREVA SOBRE A FRASE PONTILHADA.

Vera vai
viajar!

CUBRA AS LETRAS PONTILHADAS PARA ESCREVER AS PALAVRAS.

Vaca

Vira-lata

Van

Voleibol

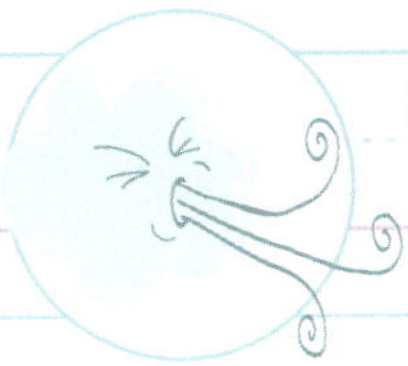

Vento

Vovó

Vespa

Vulcão

LEIA E COPIE A FRASE, ESCREVENDO-A NAS PAUTAS EM BRANCO.

Vivi ama os avós
Vânia e Vitor.

X x

Xixi

ESCREVA EM LETRA CURSIVA MAIÚSCULA E MINÚSCULA.

X X X X X X X X X X

Xa Xe Xi Xo Xu Xão

x x x x x x x x x x

xa xe xi xo xu xão

CIRCULE xa, xe, xi, xo, xu E xão NAS PALAVRAS ABAIXO.

xale xará

boxe xaxim

faxina lixo

roxo enxuto

O xexéu gosta da flor de xixá.

CUBRA AS LETRAS PONTILHADAS PARA ESCREVER AS PALAVRAS.

Xadrez

Xícara

Xampu

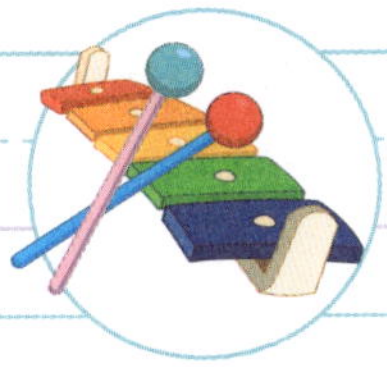
Xilofone

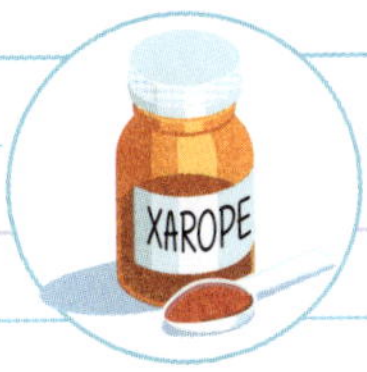

Xarope

Xogum

Xerife

Xuxu

LEIA E COPIE A FRASE, ESCREVENDO-A NAS PAUTAS EM BRANCO.

Xavier sempre joga xadrez.

Z z

Zigue-zague

ESCREVA EM LETRA CURSIVA MAIÚSCULA E MINÚSCULA.

Z Z Z Z Z Z Z Z Z Z Z

Za Ze Zi Zo Zu Zão

z z z z z z z z z z z z

za ze zi zo zu zão

CONTE QUANTOS ANIMAIS HÁ NO ZOOLÓGICO. DEPOIS, ESCREVA SOBRE A FRASE ABAIXO.

O zoológico é incrível!

CUBRA AS LETRAS PONTILHADAS PARA ESCREVER AS PALAVRAS.

 zebra

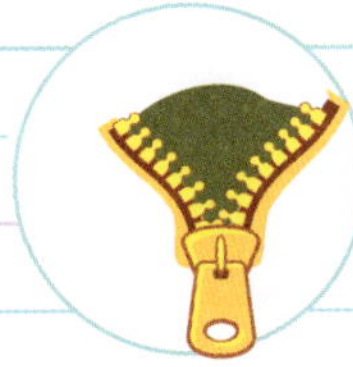 zíper

 zepelim

 zonzo

CUBRA E COMPLETE
ESTA FRASE NA PAUTA:

Zezé zombou de Zinho.

Z z de Z

LEIA E COPIE A FRASE, ESCREVENDO-A NAS PAUTAS EM BRANCO.

O zulu é de uma
tribo africana.

K k

Kartismo

ESCREVA EM LETRA CURSIVA MAIÚSCULA E MINÚSCULA.

K K K K K K K K K

Ka Ke Ki Ko Ku

k k k k k k k k k k k k

ka ke ki ko ku

ESCREVA OS NOMES E NUMERE-OS DE ACORDO COM A FIGURA CORRESPONDENTE.

1

2

3

kiwi ( )

ketchup ( ) karaoke ( )

EM NOSSA LÍNGUA, A LETRA **K** É USADA EM PALAVRAS, NOMES, SÍMBOLOS E SIGLAS DE ORIGEM ESTRANGEIRA. VEJA: **KG** = QUILOGRAMA E **KM** = QUILÔMETRO).

W w

Windsurfe

ESCREVA EM LETRA CURSIVA MAIÚSCULA E MINÚSCULA.

W

Wa We Wi Wo Wu

w

wa we wi wo wu

ESCREVA OS NOMES E NUMERE-OS DE ACORDO COM A FIGURA CORRESPONDENTE.

 1

 2

 3

wafer ( )

waffle ( )

webcam ( )

A LETRA **W** É USADA EM PALAVRAS E NOMES (**WEBCAM** E **WILLIAM**) OU EM SÍMBOLOS E SIGLAS ESTRANGEIRAS, TAL COMO **WATT**.

Y y

Yorkshire

ESCREVA EM LETRA CURSIVA MAIÚSCULA E MINÚSCULA.

Y Y Y Y Y Y Y Y Y

Ya Ye Yi Yo Yu

y y y y y y y y y y y

ya ye yi yo yu

ESCREVA OS NOMES E NUMERE-OS DE ACORDO COM A FIGURA CORRESPONDENTE.

1

2

3

yakisoba ○

Yasmin ○ Yanomami ○

EM NOSSA LÍNGUA, A LETRA **Y** É USADA EM PALAVRAS E NOMES DE ORIGEM ESTRANGEIRA, TAIS COMO **YOGA** E **YURI**.

O TREM DO ALFABETO SOBE A MONTANHA FAZENDO O SEU PERCURSO E CARREGA EM SEUS VAGÕES AS LETRAS CURSIVAS. ESCREVA SOBRE AS LETRAS EM BRANCO E PREENCHA AS LETRAS QUE FALTAM EM ALGUNS DOS VAGÕES.

rr

Carregar

LETRAS rr ENTRE VOGAIS. TRANSCREVA OS NOMES PARA AS PAUTAS AO LADO.

 Torre

 Garrafa

 Burro

 Carro

LETRA r ENTRE VOGAIS. TRANSCREVA OS NOMES PARA AS PAUTAS AO LADO.

 arara

 pera

 pirata

 jacaré

ss

Assustador

LETRAS ss ENTRE VOGAIS. TRANSCREVA OS NOMES PARA AS PAUTAS AO LADO.

Carrossel

Assistir

Pêssego

Girassol

LETRAS ss ENTRE VOGAIS. JUNTE AS SÍLABAS E ESCREVA AS PALAVRAS NA PAUTA.

pás sa ro

di nos sau ro

os so

bús so la

s = z

Casamento

PALAVRAS COM LETRA s QUE SE PRONUNCIAM COM SOM DE z. ESCREVA-AS!

camisa camisola camiseta

princesa marquesa poetisa

tesoura tesouro besouro

mesa sobremesa calabresa

CONFORME O EXEMPLO, ESCREVA AS PALAVRAS TERMINANDO-AS COM oso.

Quem tem músculos é:

ansioso

musculoso

carinhoso

Gosto → Gostoso

Sabor →

Amor →

Creme →

Ç

Palhaço

ESCREVA COBRINDO AS SÍLABAS FORMADAS COM Ç.

ça ço çu ção ça ço çu ção

JUNTE AS SÍLABAS QUE ESTÃO NAS BOLAS DO MALABARISTA E ESCREVA AS PALAVRAS.

→

→

→

→

→

Ch ch

Chuva

ESCREVA COBRINDO AS SÍLABAS FORMADAS COM ch.

cha che chi cho chu chão

cha che chi cho chu chão

CUBRA AS PALAVRAS E LIGUE-AS ÀS FIGURAS CORRESPONDENTES.

Cachorro Mochila Chinelo

Lanche Chapéu Chaleira

ESCREVA A PALAVRA BOLICHE E LIGUE A BOLA AOS PINOS DE LETRAS c E h.

Boliche

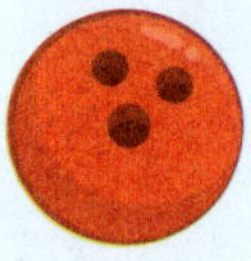

Lh lh

Espantalho

ESCREVA COBRINDO AS SÍLABAS FORMADAS COM lh.

lha lhe lhi lho lhu lhão

lha lhe lhi lho lhu lhão

LUNA E ENZO ESCREVERAM, NOS BALÕES, PALAVRAS CONTENDO AS LETRAS lh.
FORME AS PALAVRAS UNINDO AS SÍLABAS E ESCREVA-AS NOS RETÂNGULOS.

Nh nh

Fadinha

ESCREVA COBRINDO AS SÍLABAS FORMADAS COM nh.

nha nhe nhi nho nhu nhão

nha nhe nhi nho nhu nhão

CUBRA A FRASE E SUBLINHE AS SÍLABAS FORMADAS COM nh.

A galinha Dinha vai visitar

sua amiguinha e

leva uma florzinha!

DOGUINHO QUER VOLTAR À CASINHA. TRACE O PERCURSO ESCREVENDO O NOME DELE.

Doguinho

qua que qui quo quão

ESCREVA COBRINDO AS SÍLABAS FORMADAS COM qu.

qua que qui quo quão

qua que qui quo quão

CUBRA A FRASE ABAIXO E SUBLINHE AS SÍLABAS FORMADAS COM qu.

O esquilo tem um aquário.

Sou o número ....

ESCREVA EM QUE O RATO ESTÁ PENSANDO →

gua gue gui
guo guão

Foguete

ESCREVA COBRINDO AS SÍLABAS FORMADAS COM gu.

gua gue gui guo guão

gua gue gui guo guão

CUBRA E COMPLETE AS PALAVRAS COM gu.

je___e

caran___ejo

á___a

formi___eiro

___arda

CUBRA A FRASE PONTILHADA E COMPLETE COM gu.

As formi___inhas
não a___entam mais o peso.

as es is
os us

Esquisito

ESCREVA COBRINDO AS SÍLABAS FORMADAS COM AS VOGAIS E A LETRA s.

as es is os us

as es is os us

CUBRA AS LETRAS PONTILHADAS as, es, is, os E us PARA COMPLETAR AS PALAVRAS E TRANSCREVA-AS NAS PAUTAS AO LADO.

aspirador

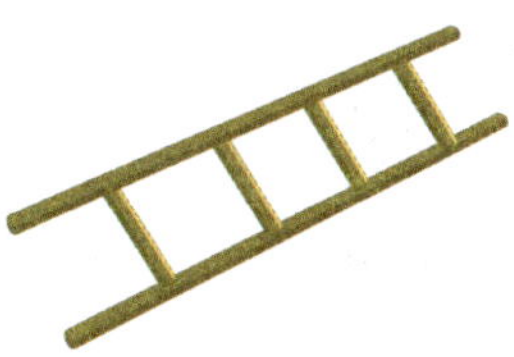

escada

ostra

tênis

ônibus

az ez iz oz uz

Paz

ESCREVA COBRINDO AS SÍLABAS FORMADAS COM AS VOGAIS E A LETRA z.

az ez iz oz uz

az ez iz oz uz

FORME AS PALAVRAS E ESCREVA-AS NAS RESPECTIVAS LINHAS.

cart → az ....
rap → az ....

surd → ez ....
timid → ez ....

nar → iz ....
fel → iz ....

arr → oz ....
fer → oz ....

cap → uz ....
cusc → uz ....

CUBRA AS VOGAIS E A LETRA z, PARA COMPLETAR AS PALAVRAS.

rapaz

xadrez

noz

giz

cruz

al el il ol ul

alpinismo

ESCREVA COBRINDO AS SÍLABAS FORMADAS COM AS VOGAIS E A LETRA l.

al el il ol ul

al el il ol ul

ESCREVA E LIGUE OS PARES QUE CONTÊM al, el, il, ol E ul.

   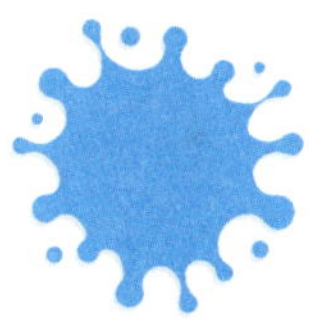 

alface pastel canil azul sol

funil sul farol balde anel

ar er ir or ur

arqueiro

ESCREVA COBRINDO AS SÍLABAS FORMADAS COM AS VOGAIS E A LETRA r.

ar er ir or ur

ar er ir or ur

CUBRA AS PALAVRAS E CIRCULE ar, er, ir, or E ur.

arte ervilha irmã órfão urso

parto colher circo amor curva

CUBRA E LIGUE AS PALAVRAS QUE RIMAM:

calor	colorir
achar	calar
partir	isopor

an en in on un

andorinha

ESCREVA COBRINDO AS SÍLABAS FORMADAS COM AS VOGAIS E A LETRA n.

an en in on un

an en in on un

CUBRA AS PALAVRAS E CIRCULE an, en, in, on E un.

antigo entre

inteiro ontem

ungir untar

CUBRA E COMPLETE COM an.

mor go

Aninha VAI COLHER AS FRUTAS COM an, en, in, on E un. QUE TAL AJUDÁ-LA, ESCREVENDO NAS FRUTAS COM ESTAS SÍLABAS?

am em im om um

ambulância

ESCREVA COBRINDO AS SÍLABAS FORMADAS COM AS VOGAIS E A LETRA m.

am em im om um

am em im om um

CUBRA AS PALAVRAS E CIRCULE am, em, im, om E um.

samba tempo imitar pomba tumba

bambu embolo motim bomba álbum

PULE COM O MACACO ESCREVENDO REPETITIVAMENTE AS SÍLABAS ATÉ A BANANA!

ã ão

 Maçã Pavão 

ESCREVA COBRINDO AS SÍLABAS FORMADAS COM ã E COM ão.

avelã

melão

lã

mãe

pião

romã

CUBRA OS NOMES.
DEPOIS, CIRCULE AS SÍLABAS COM ã E SUBLINHE AS SÍLABAS EM ão.

alemã irmã balão salão

Consoante + r

Brasil

CUBRA AS SÍLABAS PONTILHADAS:

bra bre bri bro bru

cra cre cri cro cru

dra dre dri dro dru

fra fre fri fro fru

gra gre gri gro gru

pra pre pri pro pru

tra tre tri tro tru

vra vre vri vro vru

CUBRA AS PALAVRAS E CIRCULE AS SÍLABAS COM A LETRA r:

bravo livreto trigo madrinha cabrito

Consoante + l

Blocos

CUBRA AS SÍLABAS PONTILHADAS:

bla ble bli blo blu

cla cle cli clo clu

dla dle dli dlo dlu

fla fle fli flo flu

gla gle gli glo glu

pla ple pli plo plu

tla tle tli tlo tlu

vla vle vli vlo vlu

O ciclista é um atleta!

CUBRA AS PALAVRAS E CIRCULE AS SÍLABAS COM A LETRA l:

bíblia plano clube flecha iglu blusa

Sons do x
Acentuação

SONS DA LETRA x. CUBRA A LETRA x NAS PALAVRAS.

x = ch

lixo

x = ss

máximo

x = s

explicar

x = z

exame

x = cs

axila

CUBRA AS PALAVRAS PONTILHADAS E ACENTUE-AS CONFORME CADA EXEMPLO DADO. COPIE AS DEMAIS PALAVRAS ACIMA DA LINHA PONTILHADA.

árvore

arvore

pó

chipanzé

chipanze

boné

água

agua

maré

metrô

metro

você

bebê

bebe

glacê

bisavô

bisavo

robô

Plural

Jogadores

COMPLETE AS PALAVRAS NO PLURAL, ACRESCENTANDO OU SUBSTITUINDO:

s NO FINAL	es NO FINAL	TIRE O m E COLOQUE ns NO FINAL	
amigo	amor	homem	home
criança	sabor	bombom	bombo
pombo	cantor	som	so
galinha	luz	nuvem	nuve

ANDRÉ TEM CINCO AVIÕEZINHOS E QUER BRINCAR COM VOCÊ! TRANSCREVA A FALA DELE NAS PAUTAS E SUBLINHE AS PALAVRAS QUE ESTÃO NO PLURAL.

Feminino e masculino

CUBRA AS PALAVRAS QUE AS CRIANÇAS ESCREVERAM. ESCREVA OUTRAS PALAVRAS **FEMININAS** E **MASCULINAS** PARES, ATÉ PREENCHER TODO O QUADRO!